F. 이사벨 캠포이·테레사 하웰 글 | 라파엘 로페즈 그림 | 마술연필 옮김

회색 도시를 바꾼 예술가들

―벽화 마을은 어떻게 생겨났을까

보물창고

회색 도시 한복판에 한 소녀가 살고 있었어요.
그 애 이름은 '미라'인데, 무언가 끄적거리고
그림을 그리고 색칠하는 걸 좋아했지요.
미라는 빈 종이를 볼 때마다 곰곰이 생각했어요.
'음, 어쩌면 뭔가……'
그래서 미라의 방은 색색의 그림으로 채워졌고
미라의 마음속엔 기쁨이 가득했어요.

어느 날, 미라는 학교 가는 길에
상점 주인인 헨리 아저씨를 만나
동그란 사과 하나를 주었어요.
유난히 눈이 반짝이는 로페즈 아줌마에겐
꽃 한 송이를 주었지요.

미라는 삭스 아저씨에게 노래하는 새를 주고 거리를 여기저기 돌아보는 경찰 아저씨에겐 빨간 하트를 선물했어요.

집으로 돌아오는 길, 미라는 그늘진 담벼락에 반짝이는 태양을 붙여 놓았어요.

도시의 칙칙한 회색빛이 좀 가셨지만 아직 충분하진 않았어요.

다음 날, 미라는 주머니 한가득
붓을 꽂은 아저씨를 보았어요.
아저씨는 벽을 물끄러미 바라보는가 싶더니
미라가 붙여 놓은 태양을 쳐다보고 있었어요.
아저씨는 손가락으로 네모를 만들고는
그 사이로 태양을 관찰했어요.
"음……."
아저씨가 생각에 잠긴 채 말했어요.
"뭘 보고 계세요?"
미라가 묻자 아저씨가 대답했어요.
"어쩌면… 뭔가 아름다운 게……."

그러더니, 아저씨는 물감 통에 붓을 푹 담갔어요.

번쩍! 휘리릭!

어두운 그림자들이 하둥지둥 달아났어요.
파란 하늘빛이 칙칙함을 헤치고 들어왔어요.
아저씨의 웃음은 마치 무지개처럼
하늘 멀리 퍼져 나갔어요.

"아저씨는 도대체 누구예요?"
"나는 예술가란다. 벽에 그림을 그리는 화가지!"
"나도 예술가인데요!"
그러자 아저씨가 미라에게 붓을 건넸어요.
"그래, 너도 해 보렴!"

아저씨가 벽돌에 그림을 그리면
미라는 색칠을 하고, 활력과 생기를
불어넣었어요.
곧 삭스 아저씨도 함께했어요.
다른 사람들도 하나둘 찾아왔지요.
모두모두 리듬에 맞춰 그림을 그렸어요.
살사, 삼바, 탱고를 추듯 신나게!

미라 엄마도 함께 그림을
그렸어요.
흥겹게 차차차를 추면서요!
이웃들이 모두 모여
한바탕 동네 파티가
벌어졌어요.

바로 그때……

경찰 아저씨가 다가왔어요.

"실례합니다."
음악이 뚝 그쳤어요. 미라는 붓을 내려놓았지요.
뭔가 문제가 생긴 게 틀림없었어요.
경찰 아저씨는 목을 큼큼거리더니, 잠시 잠잠했어요.

"저도 같이 그려도 될까요?"
그 물음에 대답하듯 미라는 경찰 아저씨에게 붓을 건넸어요.
신나는 음악이 다시 울리기 시작했지요.

선생님들도 아빠들도 뛰어들었어요.
아기들도 물론이고요!
미라와 아저씨는 사람들에게 붓을 자꾸자꾸 나눠 주었어요.
온 거리가 알록달록한 색으로 물들었어요.
기쁨도 함께 퍼져 나갔지요.

미라와 아저씨가 가는 곳마다, 식을 맨 얼처럼
아름다운 그림들이 따라다녔어요.
벽을 다 칠하고 나서
쓰레기 분리수거함과 벤치를 칠했어요.
보도에는 시를 적고 햇살을 그려 넣었지요.
그리고 모두모두 춤을 추었어요!

여럿이 함께하니, 지금껏 상상했던 것보다 더 아름다운 걸 만들어 낼 수 있었어요.

사람들 옷마다 온갖 빛깔이 튀고 알록달록 물들었을 때
이젠 좀 쉬어야겠다고 모두 자리에 앉았지요.
화가 아저씨만 빼고요. 아저씨가 눈을 반짝이며 말했어요.
"여러분, 여러분은 모두 예술가예요!
온 세상이 여러분의 캔버스랍니다!"
아저씨는 함박웃음을 짓고는, 모든 걸 끌어안을 것처럼
활짝 벌린 팔을 휘저었어요.
아저씨의 붓이 마치 마술 지팡이 같았지요.

아저씨가 모든 작업을 마치자, 미라는
하늘로 날아가는 새 한 마리를 더 그려 넣었어요.
미라는 생각했지요.
'어쩌면… 그래, 어쩌면……'

●작가의 이야기

『회색 도시를 바꾼 예술가들』에 나오는 이야기는 실제로 있었던 일이랍니다. 아름다운 벽화 마을로 유명한 미국 캘리포니아 샌디에이고의 이스트빌리지는 원래 회색빛 마을이었어요. 벽에 화려한 그림도 없었고, 간디와 마틴 루서 킹 같은 위인들이 남긴 말이 길거리에 적혀 있지도 않았지요. 지금은 예술 작품처럼 변한 공원 의자는 그냥 평범한 의자였고, 마을도 요즘처럼 활기차지 않았어요. 회색빛 거리에서 생기라고는 전혀 찾아볼 수 없었지요.

그러던 어느 날, 한 부부가 마을을 바꿔 나가기 시작했어요. 화가인 남편과 디자이너이자 마을 대표인 아내는 자신과 이웃들이 사는 그 마을을 아름다운 곳으로 만들기로 했어요. 라파엘 로페즈와 캔디스 로페즈는 이웃들과 더불어 마을을 예술적인 곳으로 변모시켜, 모두들 더 나은 곳에서 살아가길 바랐지요. 이스트빌리지 사람들은 이 집 저 집에 모여 회의를 하고 서로 생각을 나누었어요. 경찰관, 화가, 선생님, 아이들 그리고 노숙자까지 너 나 할 것 없이 모두 모였지요. 많은 사람들의 도움과 생각이 한데 모아져서 마침내 이스트빌리지는 예술로 가득한 도시로 거듭났어요. 나이, 인종, 직업을 가리지 않고 모두 자원봉사자가 되어 오직 한 가지 목표만을 위해 애썼어요. 바로 '예술을 통해 우리 마을을 변화시키자.'라는 목표였지요.

가장 먼저 그린 벽화엔 '도시 생활의 즐거움과 여성의 힘'이라는 제목을 붙였어요. 마을 곳곳의 다용도 함과 공원 의자도 밝은 색으로 칠하고, 가로수 둘레엔 정성스레 모자이크 장식을 해 놓았어요. 라파엘과 캔디스 부부는 사람들이 길을 갈 때 아래를 내려다보며 걷는다는 사실에 착안하여, 길바닥에 캘리그래피로 시를 적어 놓았어요. 마을 사람들은 조금씩 예술의 일부가 되어 작업에 참여했고, 서로 영감을 불어넣어 주곤 했지요.

예술로 변한 마을의 영향력은 점점 커졌어요. 아름답게 채색된 공

원 의자를 사려고 경매가 벌어지기도 했고, 열악한 환경에도 불구하고 예술 분야에 관심을 가진 학생들을 위해 장학금을 내놓기도 했어요. 방문객들은 아름다운 마을을 보며 감탄했고, 크고 작은 기부금도 끊이지 않았지요. 불가능하게만 보였던 꿈이 현실이 되고, 마침내 이스트빌리지의 상징이 된 거예요. 이스트빌리지에서 시작된 이 '예술 마을 운동'은 널리 퍼져 나가기 시작했어요. 미국 전 지역의 많은 마을들이 라파엘의 벽화를 의뢰했고, 캐나다와 호주에서도 마을을 예술로 변화시키는 작업들이 이루어졌지요.

『회색 도시를 바꾼 예술가들』은 이 예술적인 변화를 이끌어 낸 라파엘, 캔디스 로페즈 부부와 묵묵히 동참한 모든 이웃들을 기념하고자 만든 책이랍니다. 이 책을 통해, 우리가 사는 도시의 벽과 거리를 변화시키는 것은 물론, 우리 공동체 구성원들의 마음이 더욱 따뜻하고 아름다워지길 바랍니다.

● 또 하나의 이야기

　우리나라에도 미라네 마을과 꼭 닮은 벽화 마을이 있어요. 경상남도 통영시의 '동피랑'은 '동쪽의 벼랑'이라는 뜻으로, 그 이름처럼 높은 벼랑 위에 있는 오래된 마을이에요. 바다와 아랫동네가 한눈에 내려다보이는 멋진 조망을 갖고 있지만, 사람들이 하나둘 도시로 떠나면서 마을은 곧 사라질 위기에 놓였답니다.

　하지만 동피랑 마을을 사랑하는 사람들이 그 소식을 듣고 달려와서, 낡은 담벼락에 그림을 그리기 시작했어요. 아름다운 벽화들이 하루하루 마을 구석구석을 조금씩 채워 나갔지요. 그러자 이 벽화를 보려고 많은 사람들이 동피랑 마을에 놀러 오기 시작했답니다. 점점 더 많은 관광객들이 찾아오면서 동피랑 마을은 철거될 위기에서 벗어났어요. 이젠 국내외 사람들의 발길이 끊이지 않는 통영의 보물 같은 곳이 되었지요. 또 우리나라 곳곳에 동피랑 마을을 따라 낡은 담벼락에 멋진 벽화를 그려 넣는 마을들이 자꾸 생겨나고 있답니다.

　마을을 아끼고 예술을 사랑하는 사람들 덕분에 동피랑 마을은 거듭날 수 있었어요. 여러분도 언젠가 꼭 한번 동피랑 마을에 놀러 오세요! 멋진 바다 풍경과 더불어, 눈과 마음을 즐겁게 하는 아름다운 벽화들이 여러분을 기다리고 있을 거예요.

　　　　　　　　　　　　　　　　　　　　　　　－옮긴이 마술연필

F. 이사벨 캠포이 어린이를 위한 시·소설·희곡·전기 등 다양한 분야의 글을 쓰고 번역했다. 라틴아메리카의 문화와 언어에 관심이 많고, 책을 통해 이를 교육하는 데 힘쓰고 있다. 지은 책으로 『나의 날, 시작부터 끝까지』, 『회색 도시를 바꾼 예술가들』 등이 있다.

테레사 하웰 어린이를 위한 글을 쓰며 여러 책을 편집했다. 지은 책으로 『헤이 디들 디들』, 『회색 도시를 바꾼 예술가들』 등이 있다.

라파엘 로페즈 멕시코에서 태어나고 자랐으며, 그 영향으로 선명한 색감이 돋보이는 작품을 주로 그린다. 책에 그림을 그리는 동시에, 예술을 통하여 지역 공동체를 변화시키는 벽화 프로젝트도 진행하고 있다. 그중 미국 캘리포니아 이스트빌리지의 벽화 프로젝트가 두 작가에게 영감을 주어 이 책이 탄생하게 되었다. 그린 책으로 『시작하는 날』, 『꿈을 두드리는 아이』, 『회색 도시를 바꾼 예술가들』 등이 있다.

마술연필 어린이와 청소년을 위해 유익하고 감동적인 글을 쓰고 책을 펴내는 아동청소년문학 기획팀이다. 호기심과 상상력이 풍부한 아동청소년문학 작가·번역가·편집자가 한데 모여, 지혜와 지식이 가득한 보물창고를 만들기 위해 애쓰고 있다. 지은 책으로 『루이 브라이, 손끝으로 세상을 읽다』, 『우리 조상들은 얼마나 책을 좋아했을까?』, 엮은 책으로 『자연에서 만난 시와 백과사전』, 『1학년 창작동화』, 옮긴 책으로 『재미있는 내 얼굴』, 『화가 날 땐 어떡하지?』, 『회색 도시를 바꾼 예술가들』 등이 있다.

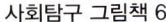

사회탐구 그림책은 세상 모든 이야기에 귀 기울입니다. 넓은 시각으로 지구 곳곳에서 일어나는 사회 현상들을 탐구하다 보면, 저절로 사회 과목에 대한 흥미와 자신감을 갖게 된답니다.

❶ 세계 국기 국가 사전
❷ 내 이름은 난민이 아니야
❸ 초특급 비밀 프로젝트 – 핵폭탄은 최초에 어떻게 만들어졌나?
❹ 전쟁에 끌려간 어린이 병사
❺ 외국에서 온 새 친구
❻ 회색 도시를 바꾼 예술가들 – 벽화 마을은 어떻게 생겨났을까
❼ 자유 자유 자유
❽ 히잡을 처음 쓰는 날
❾ 나의 젠더 정체성은 무엇일까?

사회탐구 그림책 6
회색 도시를 바꾼 예술가들 – 벽화 마을은 어떻게 생겨났을까

펴낸날 초판 1쇄 2019년 2월 15일 | 초판 3쇄 2020년 10월 5일
지은이 F. 이사벨 캠포이·테레사 하웰 | 그린이 라파엘 로페즈 | 옮긴이 마술연필 | 펴낸이 신형건 | 펴낸곳 (주)푸른책들·임프린트 보물창고
등록 제321-2008-00 55호 | 주소 서울특별시 서초구 양재천로7길 16 푸르니빌딩 (우)06754 | 전화 02-581-0334~5 | 팩스 02-582-0648
이메일 prooni@prooni.com | 홈페이지 www.prooni.com | 인스타그램 @proonibook | 블로그 blog.naver.com/proonibook
ISBN 978-89-6170-701-5 77840

MAYBE SOMETHING BEAUTIFUL by F. Isabel Campoy and Theresa Howell, illustrated by Rafael López
Text copyright © 2016 by F. Isabel Campoy and Theresa Howell
Illustrations copyright © 2016 by Rafael López
All rights reserved.
This Korean edition was published by Prooni Books, Inc. in 2019 by special arrangement with Houghton Mifflin Harcourt Publishing Company through KCC(Korea Copyright Center Inc.), Seoul.

이 책은 (주)한국저작권센터(KCC)를 통한 저작권자와의 독점계약으로 (주)푸른책들에서 출간되었습니다.
저작권법에 의해 한국 내에서 보호를 받는 저작물이므로 무단전재와 복제를 금합니다.

＊잘못된 책은 구입한 곳에서 바꾸어 드립니다.
＊이 책 내용의 일부 또는 전부를 재사용하려면 반드시 저작권자와 (주)푸른책들 양측의 서면 동의를 얻어야 합니다.

＊이 도서의 국립중앙도서관 출판시도서목록(CIP)은 서지정보유통지원시스템 홈페이지(http://seoji.nl.go.kr)와 국가자료공동목록시스템(http://www.nl.go.kr/kolisnet)에서 이용하실 수 있습니다. (CIP제어번호:CIP2018041543)

＊보물창고는 (주)푸른책들의 유아·어린이·청소년 도서 전문 임프린트입니다.

 (주)푸른책들은 도서 판매 수익금의 일부를 초록우산 어린이재단에 기부하여 어린이들을 위한 사랑 나눔에 동참합니다.